AF360036

LES

FOSSES-MARIENNES

ET LE

CANAL DE SAINT-LOUIS

Marseille. — Typ. et Lith. CAYER et Cᵉ, rue Saint-Ferréol, 57.

LES
FOSSES-MARIENNES

ET LE

CANAL DE SAINT-LOUIS

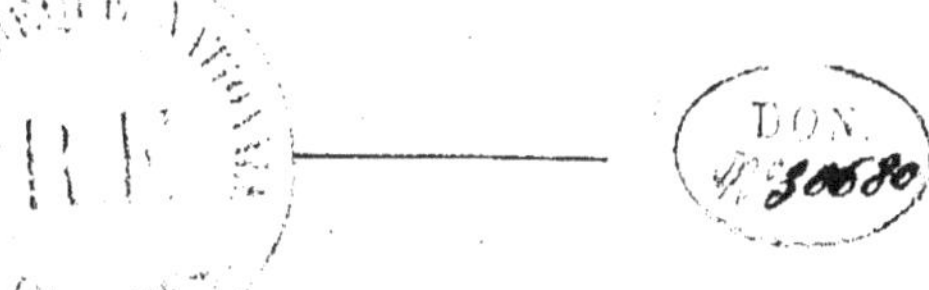

RÉPONSE A M. DESJARDINS

par J. GILLES

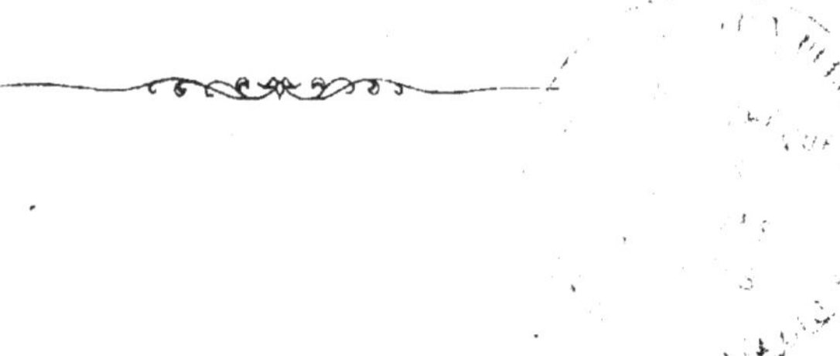

MARSEILLE

CHEZ CAMOIN, LIBRAIRE, RUE CANNEBIÈRE, 1

1869

TABLE.

LES
FOSSES-MARIENNES

CANAL DE SAINT-LOUIS

Post tenebras lux.
Inscription des Baux.

Les Fosses-Mariennes sont un bas-fond dont Marius fit une fosse marine en y introduisant les eaux de la Durance.

Le port des Fosses-Mariennes était Ernaginum (Saint-Gabriel), dans l'intérieur des terres, à 60 kilomètres de Fos, là même où Marius avait établi son dernier campement.

Les utriculaires des Durances apportaient à Ernaginum les blés des principaux marchés de cette vallée, *(Portus)* Pertuis, *(Cabellio)* Cavaillon, par le canal des Lonnes, tandis que les navires de mer y arrivaient par les bas-fonds, par les Fosses-Mariennes.

Le Canal de Saint-Louis, creusé à l'embouchure du Rhône, dans le rayon immédiat des atterrissements du fleuve, n'a donc aucun rapport avec l'œuvre de Marius.

L'une est la conception simple, nette et pratique d'un homme de guerre.

L'autre est une entreprise hybride d'intérêt privé, entée sur le crédit public, que condamnent et la science et l'expérience, ainsi que le prouvent, contrairement à ses conclusions, et les textes et les cartes de M. Desjardins.

Cette étude sera donc divisée en deux parties :

Les Fosses-Mariennes.

Le Canal Saint-Louis.

Nous avons puisé nos documents historiques et épigraphiques à la statistique du département, qui, sauf les erreurs d'appréciation, est un véritable recueil de bénédictins ; à l'ouvrage de M. Saurel, *Fossæ-Marianæ* (1), qui a une parfaite connaissance des lieux, pour les avoir longtemps habités, et enfin à M. Desjardins (2).

———

§ I. — FOS.

Le village de Fos ou Phoce, doit-il son nom aux Phocéens, comme le prétend Michel (3), ou aux Fosses-Mariennes ? Que de plus compétents que nous décident cette question.

Quoi qu'il en soit, ce village, jadis presque désert, décimé qu'il était par les fièvres paludéennes, avant l'établissement du canal d'Arles à Bouc, a été de tout temps un poste militaire important, ce qu'attestent et les fortifications qui l'entourent et les camps retranchés dont on retrouve les immenses débris.

(1) Marseille, Roux, 1865.
(2) Paris, Lahure, 1866.
(3) *Statistique*. Paris, 1801.

Placé sur un mamelon de calcaire coquiller miocène, qui forme la saillie la plus avancée de la Crau vers la mer, et à trente-trois mètres d'élévation au-dessus de son niveau, le village de Fos a un relief qui est encore rehaussé par les étangs, les salines et les marais qui l'entourent de toute part.

Quelques débris lacustres de constructions romaines gisent à l'ouest, dans la tourbe de ces marais et dans tous les environs de Fos ; mais les restes des fortifications datent plutôt des invasions des Sarrasins, qui, ayant une forte marine au fond du golfe de Saint-Tropez, devaient avoir aussi occupé Fos (1), ou de l'occupation des Marseillais, à qui Marius avait concédé les Fosses-Mariennes (2) en récompense de la guerre qu'ils avaient faite aux Ambrons (3).

On comprend l'importance stratégique de Fos, indépendamment de tout rapport avec les Fosses-Mariennes, quand on considère que cette plage a été et est un point de débarquement tellement vulnérable, qu'aujourd'hui encore, le génie militaire songe à relever ses fortifications, une flotte ennemie pouvant y débarquer une armée qui menacerait Marseille, la navigation du Rhône, le chemin de fer et tout l'intérieur du pays.

Il ne reste aucuns vestiges des Fosses-Mariennes aux environs de Fos, ni dans les tourbes, ni auprès des constructions lacustres dont nous avons parlé ; ce qui tendrait à prouver que ces quelques pans de mur de peu d'impor-

(1) *Stat.* t. ii, p. 207.

(2) Saurel. On appelle *cour des maures* un lieu entouré de murs où sont deux citernes dont la capacité est de 726 m. c. *Ibid.* Matheron.

(3) Strabon, Des., p. 21.

tance avaient été élevés comme approches des hauts fonds, pour faire accoster, non les navires, mais les bateliers et les utriculaires qui naviguaient sur ces marais.

§ II. — LE RHONE.

Quelle était l'embouchure du Rhône sous Marius ?

La légende des Saintes-Maries, les fragments de haute antiquité qu'on y trouve et enfin un monument épigraphique, vont nous le faire connaître plus sûrement que toutes les hypothèses.

C'est un autel votif consacré *aux Bouches-du-Rhône, par Lucius Cornélius Balbus, patron des Anatiliens, sous l'invocation du grand Jupiter.*

D.   M.
IOV. M. L. CORN. BALBUS
P. ANATILIORVM
AD RHODANI
OSTIA SACR. ARAM
V. S. L. M.

Diis Manibus : Jovi magno : Lucius Cornelius Balbus, patro Anatiliorum, ad Rhodani ostia sacram aram (1).

Cornélius Balbus était consul, l'an de Rome 714 avant Jésus-Christ, il était l'ami de César et de Pompée, il prit le parti de César et le suivit dans les Gaules ; l'inscription que nous donnons est authentique, les auteurs de la statistique la considérèrent comme telle, et leur sincérité bien connue nous force à suivre leur interpré-

____

(1) *Stat.* 22, p. 1126.

tation qui ne comporte aucune réticence malgré les doutes de l'abbé Faion (1) ; elle est dessinée dans un livre noir, conservé aux archives de cette commune, qui a été composé, en 1521, par Vincent Philipon d'Avignon (2).

Elle est consacrée aux Bouches-du-Rhône ; donc là étaient, en 714, les embouchures que nous cherchons, et comme le Rhône n'en a jamais eu qu'une principale, c'est là et non ailleurs qu'il faut placer cette embouchure, sous Marius.

Si le Rhône débouchait aux Saintes-Maries, on doit admettre que pour se rendre à cette embouchure, il inclinait à l'ouest, au plus bas, à la brassière de la Cape, à deux kilomètres environ au-dessous d'Arles, par un lit nommé Rhône de Saint-Ferréol qui a coulé jusqu'en 1140 (3), dont on reconnaît encore les traces, que nous indiquons sur notre plan, d'après M. Desjardins, et qu'il avait une embouchure commune avec le petit Rhône, aux Saintes-Maries.

Dans cette hypothèse. la prise au Rhône des Fosses-Mariennes, quelque part qu'on la place, est tout simplement impossible ; car alors la distance entre le point d'attache et la mer est telle, que le canal manquant tout à fait de pente (4) devrait, *pour tirer une bonne partie du fleuve*, être creusé à niveau plat, avoir des dimensions exagérées dont il serait resté des traces, et dépasser par conséquent les moyens d'action d'une armée en campa-

(1) Monuments de Sainte-Marthe. Paris, 1855.

(2) *Stat.* 22, p. 1126.

(3) Des., p. 68.

(4) La pente du Rhône d'Arles à la mer, n'est que de 1,7555 sur une longueur de 50 k.

gne ; ce qui ne l'aurait pas empêché de s'envaser à la première crue, ainsi que cela arrive aux roubines de dérivation de toutes les fermes de Camargue ; d'où il résulte que les Fosses-Mariennes n'avaient et ne pouvaient pas avoir leur prise au Rhône ; qu'il faut la chercher ailleurs, et que la carte de la plage des Saintes-Maries, au IVe siècle, que nous donne M. Desjardins (1) est de pure fantaisie, puisqu'elle est en contradiction avec l'inscription de Balbus ou tout au moins avec la légende.

§ III. — ERNAGINUM (SAINT-GABRIEL).

L'inscription de Balbus nous a dit où était l'embouchure du Rhône.

La fameuse inscription de Fronton, qui est incrustée dans le chœur de l'église de Saint-Gabriel (2), va nous mettre sur la trace des Fosses-Mariennes.

```
M. FRONTONI EVPORI
IIIIII. VIR AVG. COL. JVLIA
AVG. AQVIS. SEXTIS. NAVICVLAR.
MAR. AREL. CVRAT. EIVSD. CORP.
PATRONO NAVTAR. DRVEN-
TICORVM ET VTRICVLARIOR.
CORP. ERNAGINENSIVM
JVLIA NICE VXOR
CONIVGI CARISSIMO
```

Nous acceptons le texte de M. Desjardins qui doit se se lire ainsi :

(1) Planche IX.
(2) *Stat.*, t. II, p. 1068.

« Marco Frontoni Eupori Seviro Augustali Coloniæ-
« Juliæ - Augustæ Sextiæ Naviculario Marino Arelat.
« curatori ejusdem corporis patrono nautorum druen-
« ticorum et ultriculariorum corporatorum Ernagi-
« nensium Julia Nice uxor conjugi carissimo (1). » Que
M. Desjardins traduit par : « A Marcus Fronton Eupor,
« sévir Augustal de la Colonie Julia-Augusta d'Aix,
« *marin d'Arles, curateur de ladite corporation, patron*
« *des mariniers de la Durance et de la corporation des*
« *fabricants d'outres d'Ernanginum.* Julia Nice à son
« époux bien-aimé. »

Tandis que nous traduisons par *curateur de la marine
de charge d'Arles, patron des mariniers des Durances et
des corporations d'utriculaires (2) d'Ernaginum.*

Notre traduction, on le reconnaîtra, diffère sensible-
ment de celle de M. Desjardins ; Fronton, un *sévir*, c'est-
à-dire un des six plus anciens membres du collége des
prêtres de la colonie Julia Augusta d'Aix (institution fon-
dée par Tibère pour honorer la mémoire d'Auguste),
n'était pas un marin d'Arles, mais le curateur de la
marine d'Arles et le patron des mariniers des Durances
et non de la Durance ; des corporations d'utriculaires et
non des fabricants d'outres d'Ernaginum.

L'existence de ce monument à St-Gabriel prouve que
Fronton y avait sa résidence, qu'il y exerçait ses fonctions, que c'était bien là un port de mer, qu'on est enfin
en présence d'une épigraphe avec laquelle l'histoire elle-
même doit compter et si en dehors de ce monument irré-

____

(1) *Stat.* 22, p. 452 et Des. 28.

(2) Les utriculaires, comme leur nom l'indique, étaient des bateliers
qui, naviguant sur des hauts fonds, soulevaient leurs bateaux avec des
outres pour qu'ils tirassent moins d'eau.

cusable nous prouvons que Marius avait son camp à Ernaginum, que toute la plaine comprise entre Saint-Gabriel
et Fos était déjà sous les eaux , qu'avec une simple dérivation de la Durance qui a existé, qui existe encore,
on pouvait, comme on pourrait encore aujourd'hui, redon-
ner à Fronton l'exercice de toutes ses fonctions de curateur de la marine et de patron des bateliers et utriculaires, on reconnaîtra sans peine qu'Ernaginum a pu être,
a été le port des Fosses-Mariennes, que son enfoncement
même à 60 k. dans l'intérieur des terres était une cause
de préférence pour Marius puisqu'il le rapprochait d'autant de sa base d'opérations.

Cette épigraphe, au point de vue qui nous occupe, a une
toute autre importance, en effet, que les deux autres inscriptions que cite M. Desjardins (1) pour prouver qu'Arles
était le port maritime des Fosses-Mariennes.

Cominius navicularii arelatensis patro et *Cornelius navicularii arelatensis patro* ne sont que les patrons, les
protecteurs de la corporation de marins dont la résidence
à Arles ne prouve rien, tandis que Fronton est le curateur,
l'officier municipal préposé aux fonctions d'administrateur de la marine, et sa résidence à Ernaginum implique
que là est le siége de ses fonctions.

Si nous rapprochons les épigraphes qui précèdent :

Celle de Balbus qui prouve que l'embouchure du
Rhône était aux gros d'Orgon, aux Saintes Maries en 714,
de celle de Fronton qui prouve à son tour que les navires de la mer arrivaient à Ernaginum, puisque là rési-
dait le curateur de la marine, on se demandera si nous ne
sommes pas là au port des Fosses-Mariennes, bien loin

____

(1) *Ibid.*

du lieu où on l'a longtemps cherché, mais où tous les documents historiques auraient dû le faire découvrir, si de pieuses légendes dont nous nous occuperons dans un autre travail n'avaient remplacé dans les premiers siècles de l'ère chrétienne les souvenirs impérissables de Marius.

§ IV. — LES FOSSES-MARIENNES.

L'épigraphie nous a fourni ses preuves ; elle nous a dit où était l'embouchure du Rhône, où le port des Fosses-Mariennes ; demandons à présent à la grammaire et à l'histoire de nous dire où étaient ces fosses elles-mêmes ; si elles y parviennent, elles corroboreront et éclairciront ce que le laconisme de la première a d'incomplet, surtout pour St-Gabriel où le monument de Fronton, tout probant qu'il soit, ne dit pas où étaient les Fosses-Mariennes, le canal que nous cherchons, d'où venaient les eaux qui l'alimentaient, où était enfin le camp de Marius.

Examinons d'abord le texte de Plutarque.

« Lorsque Marius eut appris par ses espions que les
« Barbares approchaient, il fortifia son camp le long de la
« rivière du Rhône et y mit dedans, une grande provi-
« sion de vivres, afin qu'il ne pût être contraint faute de
« vivres de venir à la bataille.

« Et là où la voiture des vivres en son camp était lon-
« gue et dangereuse, il la rendit aisée et courte par tels
« moyens : la branche de la rivière du Rhône avait re-
« cueilli tant de vase et si grande quantité de sable que

« les bancs rendaient l'entrée de la rivière étroite, diffi-
« cile et dangereuse, pour les grands vaisseaux de charge
« qui venaient de la mer.

« Quoi considérant, Marius lui fit caver une grande
« tranchée ou canal au dedans de laquelle il détourna
« une bonne partie de la rivière *et la tira* jusques à un
« endroit opportun de la côte là où l'eau s'écoulait vers
« la mer par une tranchée profonde et capable des plus
« grands navires, et avec cela tranquille et plate sans être
« tourmentée des vents ni des vagues de la mer ; cette
« fosse porte encore son nom.»

Strabon ajoute : « que l'entrée du canal est difficile à
« cause du peu d'élévation du sol qui est tel que, par un
« temps obscur, on ne l'aperçoit pas même à une petite
« distance. »

Observons d'abord, pour bien comprendre ce texte, que la *tranchée ou canal que Marius fit caver* ne peut pas être un ouvrage important, puisqu'il ne l'a commencé *que lorsque ayant appris l'approche de l'ennemi il songea à fortifier sur les bords de la rivière son camp pour l'y attendre.*

Que le texte ne dit pas que Marius tira le canal jusqu'à la mer ; mais *qu'ayant fait caver une grande tranchée, il détourna une bonne partie de la rivière et la tira jusqu'à un endroit où l'eau s'écoulait dans la mer,* ce qui est bien différent, puisque c'est l'eau qu'il tira jusqu'à la mer, et non le canal qu'il tira jusque-là.

Que le texte ne dit pas qu'il aboutissait à un port, mais jusqu'à un endroit opportun de la côte tranquille et plate, sans être tourmentée des vents ni des vagues de la mer, c'est à dire à une plage, à l'anse du repos, au gros du Galejon, par exemple.

Enfin que le mot *fossa* ne signifie pas précisément fossé, canal, n'implique pas nécessàirement, comme le dit **M.** Saurel, l'idée d'un ouvrage creusé de mains d'homme, ayant une prise, un port etc., etc.; on dit canal d'Ostie, canal d'Alexandrie et non fosse d'Ostie, fosse d'Alexandrie.

Fossa, dans le dictionnaire latin signifie : excavation, trou, creux, fosse; selon du Cange c'est *locus in terra defossus aquœ repletus*.

Fosse en français (Bescherelle) signifie creux dans la terre plus ou moins profond, plus ou moins large fait par la nature ou par l'art.

Fosse marine, espace de mer près des côtes où les vaisseaux peuvent mouiller à l'abri, la fosse de Nantes, du Mardick (*ibid.*), comme on disait les Fosses-Mariennes, ce qui exclut toute idée de travail fait de main d'homme.

D'après cette explication du mot fosse il nous reste à prouver qu'il était parfaitement applicable à la plaine qui s'étendait d'Ernaginum à Fos, que ce creux était une véritable fosse marine.

Cette immense plaine est aujourd'hui, sauf quelques atterrissements et son récent dessèchement, encore la même qu'au temps de Marius ; son thalweg, de Fos à Arles, d'Arles à Ernaginum (Saint-Gabriel) et de là à Saint-Rémy jusqu'au dessus d'Eyragues, sur une longueur totale de 80 kilomètres était un marais vaste et continu dont le dessèchement commencé au XIIIe siècle par l'abbé de Montmajour (1) repris et continué par Van-Ens en 1642 a été *définitivement complété* de nos jours par l'ouverture du canal de Bouc en 1835.

(1) *Stat.*, t. ii, p. 342.

Ces marais étaient formés par les eaux des nombreuses sources qui surgissent de tous les points de la plaine et entretenus par le peu de pente du terrain ainsi qu'on peut le voir par le tableau ci-joint.

NOM DES STATIONS.	DISTANCE.	COTES.
Eyragues, Moulin-de-la-Poule.........	Aval.	13,71
Saint-Rémy, Pont-Neuf..............	3,600	7,60
Tarascon, l'Aurade.................	8,000	4,56
Tarascon, Saint-Gabriel............	3,100	3,70
Arles...........................	1,6000	1,68
Arles, Galejon....................	42,880	»
Du Galejon à la mer...	4,000	»
	77,580	

Ainsi la pente totale depuis Eyragues, le sommet du marais, jusqu'à la mer sur une longueur de 80 kilomètres n'est que de..................... 13,17
Elle n'est plus que de.................. 7,60
à Saint-Rémy sur une longueur de 75 kilomètres.
Elle n'est plus enfin que de 3,70
à Saint-Gabriel sur une distance de 60 kilomètres.

« Les étangs et les marais qui sont aux environs
« d'Arles formaient anciennement un seul amas d'eau
» qui était navigable et poissonneux vers le milieu du
» onzième siècle (1). »

____

(1) *Stat.*, t. ii, p. 491, tiré de Papon, t. ii, à la fin du vol., charte 9.

Toute la plaine était donc jusqu'au XIIIe siècle une immense fosse dont les eaux débouchaient à la mer par un des gros de la plage, entre Fos et l'embouchure du Rhône, et elles reprennent cet ancien état chaque fois qu'une pluie diluvienne rompt ou submerge les digues du Vigueirat (canal qui sert à l'écoulement de la plaine) ce qui est très-fréquent, ou ce qui est plus rare, lorsqu'une inondation du Rhône ou de la Durance vient la couvrir de ses eaux.

La plaine de Fos à Ernaginum était donc bien la *fossa* à laquelle Marius donna son nom en la rendant plus complètement navigable par une introduction nouvelle des eaux du Rhône.

Ces prémisses établis, revenons à l'inscription de Fronton.

Comment se fait-il que le curateur de la marine d'Arles, en résidence à Ernaginum, soit en même temps le patron des utriculaires des Durances. Pourquoi des Durances, il y en a donc plusieurs? et puis quel rapport entre Ernaginum et les Durances?

De nombreux documents historiques vont nous l'expliquer.

Les Fosses-Mariennes portent aussi le nom de canal de Lonnes ou Duransole (1).

Or, qu'est-ce que ce canal ou fossé des Lonnes ou Duransole, où est-il situé?

Le canal des Lonnes ou Duransole était une dérivation de la Durance partant du territoire de Châteaurenard arrivant près de l'Aurade, nous disent les nombreux documents que nous allons citer ; de là deux Durances, une, coulant par le lit actuel, l'autre par le canal des Lonnes.

(1) Des., p. 65 et *Stat*.

Ce n'était pas là les Fosses-Mariennes, mais bien le canal, la tranchée que Marius fit caver pour détourner une bonne partie de la rivière du Rhône et la tirer jusqu'à la mer.

Il n'y a qu'une seule difficulté à cette solution, c'est qu'elle suppose une erreur dans le texte : Plutarque aurait pris le Rhône pour la Durance, erreur facile à expliquer, car la Durance est là si près de son embouchure qu'on peut facilement les confondre.

Il faudra bien, du reste, en prendre son parti, si avec cette variante nous parvenons à reconstituer les Fosses-Mariennes, car l'épigraphie doit confirmer l'histoire ou la redresser, lorsqu'elle se trompe de date ou de nom.

Les savants auteurs de la statistique du département signalent dans leurs immenses recherches de nombreux documents sur le *canal* qui amenait les eaux à Saint-Gabriel et sur cette navigation intérieure ; mais faute de coordination, ces matériaux ne servaient jusqu'à ce jour qu'à jeter une confusion inexplicable sur une question que nous allons essayer de rendre fort claire, parce qu'après l'avoir signalée les premiers, ils en confondaient ou en oubliaient l'origine, le canal des Lonnes, qu'ils ont cependant tracé sur la carte des Gaules, planche IX.

Rétablissons-le, et toutes leurs erreurs vont se dissiper, et nous rétablissons du même coup la navigation entre *Portus*, Pertuis, *Cabellio*, Cavaillon, les grands marchés à blé créés par les Marseillais pour seconder les dessins de Marius, avec Ernaginum, par le moyen des utriculaires des Durances qui y venaient par l'ancien canal, nommé le Louerion, par Strabon. (1).

(1) *Stat.*, p. 234 et 225.

Ce qui les jetait dans cette confusion, c'est qu'ils confondaient à tout propos le canal de Lonnes : 1° avec une ancienne prise du canal de Cabannes, située à Orgon, au quartier de Mounsaouvi qui est taillée dans le roc au ciseau, lorsqu'on trouve dans le même ouvrage (1), que cette prise fut autorisée par la communauté d'Orgon en 1234, et qu'elle fut ensuite vendue au seigneur de Saint-Andiol en 1654 (2).

Avec le Louerion, dont ils font un aqueduc romain partant de Mollégès, passant à Glanum, Ernaginum, et aboutissant à Arles.

Cette explication va nous faire comprendre les nombreuses citations que nous puisons à ce savant répertoire.

« Plus tard, la Durance prit, par l'effet des galets et « autres alluvions qu'elle déposa, le cours qu'elle a au- « jourd'hui, et ne laissa sous les deux anciens lits de « la vieille Durance qu'un sillon coupé de marais. Les « Romains profitèrent de cette dépression naturelle « pour dériver de nouveau les eaux de la rivière dans cet « ancien lit, et les canaux navigables qu'ils creusèrent « furent comblés dans la suite (3).

« Plus tard, enfin, la Durance s'ouvrit un passage au « dessous de Châteaurenard pour se rendre à Saint- « Gabriel, et des titres des Xe XIe et XIIe siècles, ne lais- « sent aucun doute à ce sujet. Ce lit se ferma dans le XIIe « siècle. Ce lit est appelé les Lonnes ; il portait ce nom « jusqu'au-dessous de l'Aurade, où il joignait le lit le plus « ancien venant de la vallée de Saint-Rémy ; il existe

(1) *Stat.*, t. i, p. 1110.
(2) *Ibid*, p. 1192 et 1103.
(3) *Stat.*, t. ii, p. 180.

« d'anciennes cartes de Provence où ce canal des Lonnes
« est marqué. »

« Mais il paraît que ce n'était qu'un bras de la Durance
« que les Romains avaient rendu navigable pour les
« utriculaires.

« Dans les IX°, X° et XI° siècles, le bras de la Durance
« qui passait à Saint-Gabriel et se rendait à la mer, por-
« tait le nom de Duransole ou petite Durance (1).

« Sous la domination romaine, et jusqu'au XIII° siècle,
« une branche de la Durance dite des Lonnes, traversait
« un versant de Château-Renard et de Rognonas par
« Maillane, le quartier de l'Aurade jusqu'à Saint-Gabriel,
« Ernaginum, où étaient établis un bac et un corps de
« bateliers utriculaires ; tout autour de ces eaux couran-
« tes, on voyait des marais et des lagunes (2). »

« Le Louerion était l'aqueduc romain d'Arles , un
« canal se détachant de la Durance au trou Turquet, près
« d'Orgon, passant au palus de Saint-Rémy à Ernagi-
« num. Tout ce canal est navigable : nous ferons voir
« que de toutes ces eaux jointes à celles des marais
« d'Arles, il résultait un canal qui allait joindre les fossés
« de Marius (3).

« Les étangs et les marais qui sont aux environs d'Arles
« formaient anciennement un seul amas d'eau qui était
« encore navigable et poissonneux vers le milieu du on-
« zième siècle. Cet amas d'eau communiquait d'un côté
« avec le Louerion et de l'autre avec le Rhône, mais nous
« ne savons pas le nom qu'il portait (4). »

(1) *Stat.* t. ii, p. 1051.
(2) *Stat.*, t. iii, p. 745.
(3) *Stat.*, t. ii. 178 et 538.
(4) *Stat.*, p. 121.

« Il y a lieu de croire que toutes les eaux réunies des
« environs d'Arles ont porté anciennement le nom de lac
« des Désuviates , *Desuviaticorum vel desuaticorum*
« *stagnum* (1).

« Pline place les Désuviates (intus), en dedans de la
» région des *Anatilii*, qui sont les peuples de la Camargue
« et de la Basse Crau. Le pays des Désuviates était borné :
« au nord, par la crête des Alpines ; à l'ouest , par le
« Rhône ; au midi , par les étangs de Désaumes et
« d'Entressens ; à l'est, par les Salies ou territoire de
« Salon (2).

« Il paraît certain qu'un canal a, en effet, du temps des
« Romains, conduit les eaux de la Durance à l'étang de
« Berre et à Arles (3).

« Le canal de Marius se continuait droit au nord ,
« l'espace de 12,000 environ, à compter depuis le port de
« Gradus jusqu'à l'étang des Désuviates, qui embrassait
« les marais d'Arles, de Montmajour et des Baux, et dans
« lequel venait se dégager, du moins en partie, le Loue-
« rion, canal détourné de la Durance , près d'Orgon.
« C'était proprement ce Louerion qui alimentait les
« Fosses-Mariennes (4).

« Tous les grains du pays qui sont au nord de la
« Durance lui arrivaient par les canaux tirés de cette
« rivière (5).

« Un canal sur lequel naviguaient les utriculaires

(1) *Stat.*, p. 191, t. II.
(2) *Stat.*, t. II, p. 195 (et Pline, l. III, c. 4.
(3) *Stat.*, t. II, p. 252.
(4) *Stat.*, t. II, p. 261.
(5) *Stat.*, t. II, p. 262.

« ayant servi à transporter de Glanum à Arles les pierres
« des arènes et des autres monuments. (1)

« Dans les Xᵉ et XIIIᵉ siècles les collines de Cordes et
« de Montmajour formaient encore des îles au milieu de
« ce vaste lac. On ne pouvait aller à Montmajour qu'en
« bateau.

« Le Louérion passait à Ernaginum, où il y avait deux
« corps d'utriculaires, l'un pour la navigation jusqu'à
« Arles et l'autre pour la Durance ; d'Ernaginum il passait
« à Saint-Etienne-du-Grès, Saint-Rémy et joignait enfin
« la Durance ; la première station de cette rivière était
« *Cabellio*, Cavaillon ; on remontait de là à Cadenet
« et à Portus, où était le terme de la navigation sur la
Durance (2).

« L'Aurade existait du temps des Romains; c'était une
« station des utriculaires qui naviguaient sur le Louerion,
« canal de navigation entre la Durance et le Rhône,
« qui passait à Ernaginum et dont il est parlé dans
« Strabon (3).

« La Duransole vient du territoire de Rognonas, elle
« a coulé dans ce qu'on appelle les fossés des Lonnes jus-
« qu'en 1636. (4).

« La Duransole passait à Maillane (5).

« Il paraît qu'il a existé pendant longtemps un canal
« de navigation de Cavaillon à Arles qui passait aux pa-
« luns à St-Rémy et à St-Gabriel; c'est sur ce canal que
« naviguaient les utriculaires, corps de mariniers qui

(1) *Stat.*, t. ii, p. 292.
(2) *Stat.*, t. ii, p. 301.
(3) *Stat.*, t. ii, 1,168 et Strabon, livre iii, section 2, p. 34
(4) *Stat.*, p. 1,076, t. ii.
(5) *Stat.*, t. ii, p. 155.

« avaient leurs tribunaux à Cavaillon, à Glanum ou Saint-
« Rémy à Ernaginum ou St-Gabriel et à Arles, comme le
« prouvent différents monuments et des inscriptions bien
« conservées que nous rapporterons à leur place. Ce ca-
« nal a subsisté jusqu'au XIIe siècle et on trouve dans les
« archives de l'abbaye de Montmajour plusieurs chartes
« qui parlent de cette navigation, entre autres une de
« 1119 (1).

« Bassin de Saint-Rémy. Un large ravin formé par le
« lit d'un ancien cours de la Durance depuis Graveson
« jusqu'à Saint-Gabriel.

On a trouvé à Trinquetaille une tessère de plomb percée
d'un trou sur laquelle on voit en relief l'image de Nep-
tune armé d'un trident, portant un dauphin et ayant le
pied sur une proue de navire ; on lit dans le champ Fossa :

Millin., t. ii, p. 28 et planche LXXII.

Toutes les voies romaines se centralisaient à Arles, tous
les canaux de navigation, tels que les Fosses-Mariennes,
le Louerion, la Durance, la Duransole (2).

On lit enfin dans Amédée Thierry (3), qu'on voyait des
terrasses du palais de la Trouille bâti par Constantin à
Arles, « les mille canaux qui sillonnaient la campagne,
« la fosse de Marius et les étangs où le Rhône se dé-
« charge à la mer. »

Or, le palais de la Trouille étant bâti au nord et dans
la partie basse de la ville, on ne pouvait voir la fosse de
Marius que là ou nous la plaçons, où elle était réellement,

(1) *Stat.*, t. i, p. 83. — *Stat.*, t. iv, p. 66.
(2) *Stat.*, t. ii, p. 1163.
(3) *Revue des Deux-Mondes*, 1857, t. viii, p. 121.

dans le bas fond couvert d'eau qui s'étendait à l'Est dans la plaine.

Arrivons aux temps modernes.

En 1198 Alphonse II, comte de Provence exempte les habitants de Saint-Rémy du péage de Saint-Gabriel (1).

« Profitant d'un exemple qui avait laissé de si pro-
« fondes traces dans le pays, Raymond Bérenger donne
« aux Arlésiens, le 19 décembre 1232, l'aqueduc ou
« canal de la Duransole, avec permission de dériver les
« eaux de la Durance dans le territoire de Château-Re-
« nard pour les conduire à Arles.

« Les habitants d'Arles n'ayant pas profité de cette fa-
« culté, le même Raymond Bérenger concède encore la
« Duransole aux Templiers de la maison d'Arles. Il est dit
« dans cet acte, qui est de 1244, que le canal passait par
« le Trébon (2), » partie supérieure du territoire d'Arles entre le Rhône et les marais.

Les Templiers n'exécutèrent pas plus ce canal que les Arlésiens, parce que la plaine avait alors plutôt besoin de dessèchement que d'irrigation ; mais il vient d'être enfin exécuté, toujours sur l'emplacement de l'ancien canal des Lonnes, par une compagnie connue sous le nom de Compagnie du canal des Alpines.

On le voit à ces nombreuses citations, les savants auteurs de la statistique avaient en mains tous les docu-ments nécessaires pour fixer l'emplacement des Fosses-Mariennes, pour connaître leur origine puisque nous ne faisons que les copier ; le temps seul leur a manqué pour coordonner tous ces matériaux qu'ils avaient pris plaisir

(2) *Stat.* t. II, p. 1163.

(1) *Stat.* t. II, p. 341 et ?

à accumuler et à mettre sous la main du premier qui voudrait les prendre.

Le canal des Lonnes était donc celui que Marius fit caver pour tirer les eaux de la rivière jusqu'à la mer, pour former les Fosses-Mariennes, celui sur lequel naviguaient les mariniers des Durances dont Fronton était le patron, au moyen duquel Portus et Cabellio communiquaient avec Ernaginum.

Rien n'était plus facile à Marius que cette dérivation des Lonnes, soit qu'elle existât déjà et qu'il n'y eût plus qu'à en agrandir la prise, soit même qu'il fallût la caver.

La côte de la Durance est à son embouchure à + 13, sa pente est de un milimètre par mètre, le point d'arrivée à l'Aurade est à + 4. 56, la distance entre les deux est d'environ 15 kilomètres.

Le canal, quel que fût le point d'attache, devait donc avoir plus de demi pour cent de pente.

La Durance a un débit suffisant pour faire de la plaine un grand lac et pour donner, à la passe de son embouchure, une hauteur d'eau suffisante aux plus grands navires.

Elle débite 70 mètres à l'étiage et 350 mètres aux eaux moyennes. Si on suppose que Marius dériva un tiers de ce volume soit 23 mètres dans le premier cas et 115 dans le deuxième, on reconnaîtra qu'il a pu, sans peine, faire un lac navigable de cette immense plaine qui était déjà sous les eaux.

L'exécution d'un pareil canal était un jeu d'enfant pour l'armée de Marius, un véritable travail d'armée en campagne. Le pays était sain et il suffisait d'ouvrir une tranchée de 500 mètres de longueur à partir du fleuve, ou seulement d'élargir quelque Lonne existante pour jeter dans la plaine, sans plus s'en inquiéter, toute l'eau dont on avait besoin, tandis qu'il répugne de croire à un travail gigantesque tel que celui qu'on suppose, pouvant, dans un pays malsain, compromettre la santé d'une armée, lorsqu'il s'agissait de satisfaire des besoins actuels et immédiats.

Enfin, Marius n'a pas fait ce travail pendant les trois années qu'il est resté dans les Gaules, mais la dernière année, au dernier moment, quand il a su par ses espions que les Barbares approchaient.

Marius fit-il des travaux dans la partie inférieure de la plaine pour déterminer une embouchure praticable aux grands navires? C'est possible, mais nous ne le pensons pas. Les eaux devaient couler, en suivant comme elles l'ont fait, lors des inondations, par la région des étangs et se jeter à la mer par le Gros du Galejon, et la passe était maintenue et par leur volume, et par la pression supérieure qui leur donnait une très-grande force. Cette fuite naturelle par le Galejon explique très-bien la phrase de Strabon : « que l'entrée du canal est difficile à cause du « peu d'élévation du sol qui est tel, que par un temps « obscur on ne l'aperçoit pas même à une petite dis- « tance. » Preuve que cette embouchure était loin de Fos, qu'elle n'était signalée par aucun ouvrage, aucun port et que la belle gravure que nous donne de ce port M. Desjardins, d'après Peutinger, s'applique à Bouc et non aux Fosses-Mariennes.

Combien de temps a duré la grande navigation de la mer jusques à Ernaginum? Plusieurs siècles, sans doute, si on en juge par l'importance des débris de toute sorte qu'on trouve aux alentours de Saint-Gabriel; elle durait encore sous le sévir Augustal Fronton, c'est-à-dire sous

Tibère ; elle avait cessé, ou plutôt elle s'arrêta certainement à Arles, dans le IVe siècle, lorsque fut construit l'aqueduc romain qui traversait le marais sur des arcades pour y amener les eaux, et qu'on attribue à Constantin.

Quant aux utriculaires ou bateliers de toute sorte, ils n'ont cessé d'y naviguer qu'après le dessèchement de Van Ens, en 1642, et, comme ces travaux avaient été longtemps négligés, nous avons navigué nous-même jusqu'en 1835 sur toute la partie inférieure de la plaine à partir de quelques kilomètres au-dessous de Saint-Gabriel sur un fond de plus d'un mètre d'eau, jusqu'à la mer.

CAMPEMENT DE MARIUS.

« Lorsque Marius, dit Plutarque, eut appris l'appro
« che de l'ennemi, il songea à fortifier sur les bords du
« Rhône son camp pour l'y attendre. »

Marius n'était donc pas d'abord sur les rives de ce fleuve ; était-il à Aix, à Fos? Peu nous importe ; il nous suffit de savoir que ce dernier campement n'était pas à Fos, puisqu'il n'aurait pas été sur le bord du fleuve, parce qu'il aurait été trop éloigné de sa base d'opération qui était la ligne de passage des Barbares, et enfin parce qu'il n'aurait pas eu besoin de faire creuser les Fosses-Mariennes, comme l'observe M. Desjardins, pour y faire arriver ses subsistances, Fos touchant à la mer.

Si ce dernier campement de Marius n'était pas à Fos, où donc était-il? Où aboutissaient les Fosses-Mariennes? A Ernaginum, sur les bords du fleuve, si on admet avec nous que Plutarque a pris la Durance pour le Rhône.

Ernaginum était une position centrale, s'imposant d'elle-même à l'habile général qui avait acquis une parfaite connaissance des lieux par un séjour de trois années dans cette partie des Gaules.

De ce campement, l'armée pouvait, au gré de son chef, se cantonner dans les retranchements les plus réduits ou s'étendre et rayonner au nord comme au sud des Alpines ; au nord, jusqu'à Saint-Rémy, Glanum, Orgon ; au sud, jusqu'à Maussane, Mouriès, Eyguières, et passer d'un côté ou de l'autre par de la montagne les défilés de Glanum, d'Eyguières et de Lamanon.

Le pays était sain, fertile, à cheval sur les grandes voies romaines ; les armées pouvaient y former des retranchements inexpugnables adossés aux derniers mamelons des Alpines, dont Ernaginum est le cap le plus avancé. Ce poste commandait la plaine de Tarascon par où devaient déboucher les Barbares, et c'est entre cette ville et l'embouchure de la Durance qu'ils devaient traverser le Rhône, si ce passage ne leur était pas disputé.

Marius pouvait donc de ce campement surveiller leurs mouvements, les précéder ou les suivre, et recevoir par le Rhône, par la Durance, par terre et par mer toutes ses subsistances.

Toutes ces voies d'approvisionnement lui étaient en effet nécessaires ; indispensables, car il avait à nourrir non-seulement son armée, mais encore les populations qui avaient ordre de tout détruire à l'approche des Barbares, de faire le vide devant eux pour les affamer, et de se retirer avec toutes leurs ressources dans les campements qui *avaient été préparés*.

Les immenses bancs de débris de poteries, les nombreux tombeaux, la grande quantité de médailles qu'on trouve accumulées sur les deux versants des Alpines, ne peuvent s'expliquer que par le séjour prolongé d'une armée et des populations accourues de toute part pour s'abriter derrière elle.

De murailles pour entourer ce camp, nous ne sachons pas qu'il en reste de traces ; mais on reconnaîtra que ce campement n'en avait pas besoin, entouré qu'il était à l'ouest, au sud et au nord par l'immense lac qui recouvrait les deux plaines ; tandis qu'à l'est, il avait pour défense les chaînons onduleux des Alpines, qui rendaient l'attaque impossible par les moyens naturels qu'ils offraient à la défense.

Ce campement explique enfin pourquoi le nom de Marius est si populaire à Saint-Rémy ; pourquoi là, plus que partout ailleurs, tant de gens le portent comme nom patronymique.

Le dernier campement de Marius était donc à Saint-Gabriel et ne pouvait être que là ; l'attention des archéologues appelée sur ce point, ne manquera pas d'ajouter de nouvelles preuves à celles que nous fournissons. Une idée nous frappe en terminant, et nos lecteurs nous ont déjà devancé.

Comment se fait-il que malgré tant de titres à la reconnaissance des populations, le nom du grand libérateur ne soit pas plus populaire? Pourquoi surtout n'est-il pas inscrit sur tous les monuments? Pourquoi les échos ne le répètent-ils plus? Pourquoi enfin a-t-il fallu deux siècles pour retrouver les Fosses-Mariennes?

C'est une toute nouvelle page d'histoire à étudier : L'accueil fait à cette première partie de notre tâche nous dira si nous devons ou non la continuer.

SYSTÈME DE M. DESJARDINS.

Après avoir dit ce que nous croyons être les Fosses-Mariennes, nous allons exposer le système de M. Desjardins qui résume à lui seul, en leur donnant le relief d'une immense érudition et la consécration d'un magnifique in-4º, toutes les erreurs de ses prédécesseurs.

CAMPEMENT DE MARIUS.

M. Desjardins suppose d'abord, sans autre preuve que le choix qu'il fait de cet emplacement pour y mettre la prise de ses Fosses-Mariennes, que Marius avait établi son camp dans la plaine comprise entre le marais des Chanoines et l'étang de Meyranne, au nord; Saint-Martin, de Crau et l'étang de Deseaume, à l'est; les marais de Capeau et d'Icard, au sud, et le Rhône, à l'ouest (1).

Or, cette partie de la basse Crau était alors, plus encore qu'aujourd'hui, entourée de marais, et par conséquent inhabitable.

L'armée de Marius n'aurait trouvé dans cet immense désert aucune espèce de ressources, elle aurait été fort éloignée du Rhône, puisque nous avons prouvé qu'il coulait alors beaucoup plus à l'ouest, loin du lieu où les Barbares devaient le traverser, et par conséquent dans l'impossibilité de surveiller leurs mouvements.

Enfin, ce campement n'était pas défendable, puisqu'il est dans la partie la plus basse de la plaine où rien ne rappelle une pareille destination, ni vestiges de fortifica-

(1) Des., p, 43.

tions, ni aucuns débris de poteries romaines si considé-
rables dans toutes leurs stations.

Le campement de Marius n'était donc pas là, ne pouvait
pas être là ; rien ne le justifie, excepté, au point de vue de
M. Desjardins, le choix malheureux qu'il fait de cet emplacement pour la prise au Rhône des Fosses-Mariennes.

LES FOSSES-MARIENNES.

« Nous pensons, dit M. Desjardins (1), pouvoir
« déterminer, pour la *première fois*, l'emplacement que
« les Fosses-Mariennes occupaient. Elles avaient leur
« prise à 16 k. au sud de la ville d'Arles, entre Champ-
« tercier et le mas Tibert. »

« Elles aboutissaient à la mer en-dessous du village de
« Fos, par un chenal bordé de digues perretées, nommées
« dans le pays des Codoulières (2).

Nous avons prouvé que la prise ne pouvait pas être au
Rhône, encore moins à Champtercier, à 16 kilomètres
au-dessous d'Arles. Voyons ce que sont les *codoulières*.

Codoulières pour un parisien est un mot cabalistique,
au sens mystérieux et caché, venant du latin ou du grec,
qui sait ? Pour un Provençal, code, signifie pierre ; cou-
doulet, pierraille, galet ; codoulière, banc de galets.

Une digue perretée, telle que la représente M. Desjardins, est, dans le langage concis et arrêté de la Provence,
qui ne comporte ni à peu près ni synonyme, une *païéro*,
et à Fos, pas plus qu'ailleurs, on ne confond ces deux
mots.

(1) P. 21.
(2) P. 38.

Il n'est donc pas besoin d'aller à Fos pour savoir que les codoulières ne sont que des bancs de cailloux, « un « empierrement formé de galets de la mer, mélangés « de terre et de sable (1) et non une digue de fort « appareil. »

Le fantastique profil que nous en donne M. Desjardins est une illusion d'optique, un grossissement du mirage, copié, pour lui donner un cachet antique sur l'endiguement de la colonne Trajane (2).

Et comme supplément à ces preuves, la géologie aurait ajouté avec M. Coquand, qui vient de classer les terrains de la Crau.

Le poudingue inférieur de la Crau repose sur un immense banc de molasse de l'époque miocène qu'on taille facilement au ciseau et qu'on effeuille plus facilement encore en lames de 25, 30 et 40 centimètres d'épaisseur. Celle-ci affleure le marais sur de très-grandes surfaces aux alentours de Fos, tout auprès des codoulières. Si donc Marius avait fait un perré pour défendre les digues de son canal il eût employé la molasse et non des galets ramassés sur la plage.

M. Desjardins n'est pas le premier qui se soit trompé sur les codoulières. Déjà M. Alfred Maury, de l'Institut, dans un remarquable article de la *Revue des Deux-Mondes* (3), sur les voies romaines dans les Gaules, a, lui aussi, sur la foi de la notice de M. Saurel, parlé des codoulières comme d'une chaussée romaine qui bordait les Fosses-Mariennes. Cet académicien assigne encore d'après la même autorité une pareille origine et une sem-

(1) Saurel, p. 21.
(2) *Rich*, par Charruel, p. 16 et 500.
(3) 1er juillet 1866, p. 201.

blable destination de chaussée ou voie romaine au cordon littoral qui sépare l'étang de Berre de celui de Marignane ; mais plus circonspect que M. Desjardins, il n'en donne ni l'appareil, ni le profil, et M. Saurel avait été lui-même précédé dans cette découverte, des codoulières, ainsi qu'il le reconnait, par Millin (1).

Les codoulières ne peuvent pas plus être une voie romaine qu'une digue. Les voies romaines n'avaient que huit pieds de large et il ne saurait y avoir de digues de 7 à 8 mètres de couronnement, largeur moyenne des co doulières ; la longueur de cette digue ouest, qui est de 11 kilomètres, ne fait qu'aggraver cette erreur en l'exagérant et en lui attribuant une largeur de 30 à 41 mètres 50 à la base. (2)

Les codoulières ne sont pas la seule erreur grave de M. Desjardins.

Il a très-bien compris qu'un canal dérivant une partie des eaux du Rhône serait trop susceptible de s'envaser ; et puis , comment expliquer qu'à son embouchure , à Fos, dans la tourbe, là même où il suppose qu'existait le port, il n'y eût pas le moindre dépôt fluviatile dont le Rhône est si souvent chargé ?

C'est pourquoi il ajoute « qu'il est probable qu'on fit « un barrage au point où les Fosses-Mariennes commu- « niquaient avec le Rhône ; autrement, les inconvénients « signalés par Strabon , les atterrissements, auraient « entravé la navigation, aussi bien dans ce bras artificiel « que dans un bras naturel.

« On dut obvier à ce mal par une porte qui d'ailleurs « pouvait rester ouverte dix mois de l'année et qu'on

(1) Tome iv. p. 28.
(2) Des., p. 39.

« devait tenir fermée seulement au temps où le Rhône
« commence à charrier le limon (1). »

Cette supposition de M. Desjardins est ingénieuse ; mais
comme il ne nous donne pas le dessin de cette porte ; il
nous est impossible d'en dire autre chose, sinon que pour
former barrage à un pertuis capable de tirer une *bonne
partie du fleuve*, la plus grande partie du fleuve, disent
Plutarque et Strabon (2), qui débite, au-dessus d'Arles,
3,102 m. c. à la seconde, aux eaux moyennes, et
qui coulait entre les codoulières, canal de 100 à 300
mètres de large (3), il devait falloir une bien grande porte !

Le creusement d'un canal dans la partie inférieure de
la plaine, à partir d'Arles jusqu'à Fos, quel que soit le
point d'attache au Rhône, était tout simplement impossible, par le temps qu'il aurait exigé pour son creusement
et par l'insalubrité du climat qui aurait bien vite anéanti
l'armée romaine.

Si un canal analogue à celui que suppose M. Desjardins avait existé, les siècles ne l'auraient pas complètement fait disparaître, il en resterait très-certainement
des traces

ANTIQUITÉS DE FOS.

Existe-t-il réellement dans les marais de Fos des débris d'une ville et de monuments romains assez considé-
rables qu'on voit, dit M. Desjardins, au fond de l'eau
comme le palais des Ptolémées à Alexandrie (4) ?

(1) P. 30.
(2) Des., p. 40.
(3) Des., p. 38.
(4) P. 44.

M. Saurel qui a longtemps habité les lieux et qui, pour nous en montrer le peu d'importance, nous donne un dessin de ces ruines, va nous répondre.

« On doit renoncer, dit-il, à l'espoir de retrouver des fondations quelconques dans les terrains qui avoisinent les murs baignés par la mer. Le terrain ayant été défoncé n'a rien produit que quelques médailles frustes ; quant aux vestiges que l'on voit sous les eaux, il faut croire que ceux qui les ont vus avaient de bien meilleurs yeux que moi. »

Il n'y a donc jamais eu là ni ville ni port; la vignette de Peutinger que nous donne M. Desjardins s'applique à Bouc, et nous allongerions trop ce travail si nous voulions mettre d'accord les historiens, les géographes et leurs commentateurs, qui s'éloignent d'autant plus de la vérité qu'ils arrivent plus longtemps après l'évènement.

Comment, du reste, y parvenir? Le Rhône changeait perpétuellement de lit et d'embouchure ; ce qui était vrai dans un siècle ne l'était plus dans l'autre.

« Les plus anciennes cartes que nous connaissions,
« dit M. Desjardins, ne remontent pas au-delà du XIIIme
« siècle, et encore sont-elles tellement imparfaites qu'il est
« impossible d'en tirer des indications exactes. (1).

Malgré cette déclaration, qui infirme d'avance leur autorité, M. Desjardins n'en appuie pas moins son système sur les magnifiques cartes qui ornent son volume, et qui seraient intéressantes à consulter, surtout s'il y avait joint celle de M. Saurel, tirée de la bibliothèque de la ville, et qui, sauf la prise en Durance qui n'existait plus alors, est la reproduction exacte des Fosses-Mariennes.

(1) Des., p. 52.

Si, comme nous croyons l'avoir suffisamment démontré, il demeure établi :

1° Que l'embouchure du Rhône était aux Saintes-Maries ;

2° Que le port des Fosses-Mariennes, ainsi que le camp de Marius étaient à Ernaginum ;

3° Que les Fosses-Mariennes étaient le bas-fond de la plaine existant entre Ernaginum et Fos ;

4° Que le canal que Marius fit caver, c'est le canal des Lonnes, à 80 kilomètres de Fos, on en conclûra qu'il n'a jamais existé de canal partant du Rhône et aboutissant soit à Fos, soit à tout autre point de la côte ;

Et que le canal de Saint-Louis qui tire sa principale raison d'être, d'après M. Desjardins, de ce qu'il est établi sur l'emplacement ou à peu près des Fosses-Mariennes, ne peut plus même s'abriter sous cet illustre patronnage qui n'était qu'une erreur archéologique.

Voyons si les preuves scientifiques et historiques que nous donne M. Desjardins justifieront mieux que les précédentes le choix de cet emplacement.

CANAL DE SAINT-LOUIS.

HISTORIQUE DU PROJET.

Le canal de Saint-Louis, nous l'avons dit en commençant, est une entreprise d'intérêt privé au service de laquelle a été mis le budget de l'Etat, une spéculation de terrain, à laquelle de hautes influences sont parvenues à donner le couvert de l'utilité publique.

M. Desjardins prend soin de nous donner l'historique de cette laborieuse entreprise.

« MM. Peyret-Lallier et Peut (1), deux hommes intelli-
« gents et doués d'une activité infatigable en ont été les
« promoteurs; acquéreurs, dès 1834, du domaine de l'Eys-
« sèle, » ils avaient compromis leur situation dans une entreprise agricole qui dépassait leurs moyens d'action. Pour sortir de cette situation difficile, M. Peyret-Lallier mit au monde les innombrables brochures, enfanta les nombreux projets qu'énumère M. Desjardins, au nombre desquels est celui du canal Saint-Louis.

« Mais ce projet n'aboutissait pas, malgré les démar-
« ches et les écrits de M. Peut, dont le zèle était inspiré
« par une conviction inébranlable, et échauffé par le sen-
« timent des avantages qu'il devait en retirer, lorsque
« M. Hardon, connu pour avoir installé les ateliers de
« l'isthme de Suez, engagea en 1859, toute sa fortune sur
« la foi de cette idée.

« Depuis lors, *l'affaire* fut mieux comprise, *du moins*
« *plus écoutée*, et le temps bien employé, car l'argent fut
« trouvé et le décret rendu (2); » des ingénieurs des ponts-et-chaussées, excepté de M. Surrell et d'un mémoire de celui-ci, datant de 1847 (3), il n'en est pas question, ils n'ont pas été consultés ; ils renient hautement, dit-on, la paternité de ce projet ; ils ne sont chargés que de son exécution.

Le décret déclaratif d'utilité publique fut rendu le 10 mai 1863, et par une convention y annexée dont M. Desjardins ne parle pas, M. Hardon ou soit la compagnie

(1) Des., p. 115 et suiv.
(2) *Ibid.*, p. 133.
(3) *Ibid.*, p. 111.

qu'il représente, s'engagea à fournir à l'Etat les terrains nécessaires à l'établissement du canal, et à lui payer à titre de subvention, une somme de 1,500,000 francs.

Examinons, avec les précieux documents que nous fournit M. Desjardins, comment leurs auteurs justifient une entreprise à laquelle manque le concours désintéressé des ingénieurs des ponts-et-chaussées.

On a de tout temps cherché à éviter le passage des embouchures du Rhône, dont la barre offre un obstacle fréquent à la navigation:

Marius par les Fosses Mariennes ;

Napoléon Ier par le canal d'Arles à Bouc ;

Louis-Philippe par l'endiguement, le projet Surrell ;

Et enfin Napoléon III par le canal Saint-Louis.

Les Fosses-Mariennes nous les connaissons ; c'était le moyen le plus simple, le moins coûteux et que pourrait employer encore aujourd'hui un général en campagne ; il consistait à jeter une partie des eaux de la Durance dans le creux de la plaine pour en former dans trois jours une *fosse marine*.

Le canal de Bouc, quoiqu'ayant la même destination, donnait des résultats autrement économiques, autrement durables.

Il assainissait toute la partie inférieure du département, rendait à la culture des milliers d'hectares de terre ; il aboutissait à un port de mer important, Bouc, qu'on pouvait mettre en communication, en approfondissant les canaux des Martigues, avec la mer intérieure de Berre; il avait son point d'attache à Arles, les navires n'avaient pas, pour y arriver, à attendre un vent favorable, ni une crue pour franchir les hauts fonds du fleuve. Enfin, il était ou pouvait être mis facilement à l'abri de toute attaque.

Ce projet avait été depuis longtemps préparé et mûri par tout ce que la science compte de grands noms.

« Barral de Lapenne capitaine des galères du roi, en-
« voyé sur les lieux en 1682, conclut à ce que le canal
« soit conduit d'Arles à Bouc, *parce que, dit-il, MM. les*
« *intendants de la marine savent combien il en a coûté*
« *au roi dans les dernières guerres pour faire porter dans*
« *les arsenaux tout ce qui était nécessaire à l'armement*
« *des vaisseaux qu'on* a *été contraint de faire porter par*
« *terre d'Arles à Bouc.* (1)

« En 1679 le maréchal de Vauban eut ordre de se
« rendre en Provence pour examiner ce qu'il y avait de
« mieux à faire ; il reconnut que les roubines pourraient
« devenir un canal de navigation, mais qu'il fallait bien
« se garder de le faire aboutir directement à la mer,
« parce que les vents du nord et du sud-ouest qui rè-
« gnent alternativement sur cette côte ne manqueraient
« pas de retarder pendant longtemps l'entrée et la sortie
« des bateaux, comme cela arrive aux embouchures du
« Rhône ; il s'y formerait aussi des atterrissements consi-
« dérables ; il voulut donc, pour prévenir tout inconvé-
« nient, que le canal partît du port de Bouc pour rejoin-
« dre le Rhône, soit à Arles, soit à Tarascon. »

Le projet du canal de Bouc fut renouvelé en 1732, et ensuite en 1747, par M. Silvy qui fit imprimer plusieurs mémoires à ce sujet. De nouveaux projets furent présentés par M. Millet de Monville, en 1749 et 1750, M. Pollard fut nommé rapporteur. Camus fut aussi con-

(1) D s., p. 102.

sulté, M. de Beaumont, etc. D'après ce dernier projet, le canal s'arrêterait dans le golfe de Fos , en partant de Boisvieil ; cependant en 1772, il changea d'avis et en reporta son débouché au port 'de Bouc (1).

Vauban, dans le mémoire que nous citons, ne partage pas les idées que lui prête M. Desjardins: les raisons qu'il donne pour faire aboutir à Bouc le canal qu'il propose sont irréfutables , sont les mêmes aujourd'hui qu'alors ; nous ne comprenons donc pas pourquoi M. Desjardins s'abrite constamment derrière ce grand nom pour justifier le canal de Saint-Louis qui en est l'antipode, que Vauban combat de toutes ses forces.

Ainsi les plus grandes illustrations dont la France s'honore, concluaient à la ligne d'Arles à Bouc, et si Belidor (1748), insiste pour en éloigner l'embouchure du port de Bouc, c'est parce qu'il croit que ce port finira par se combler (2).

M. Michel, administrateur du département pour les années 91, 92 et 93, témoigne les mêmes craintes; « il y « a d'ailleurs encore une observation importante à faire, « c'est de savoir si le port de Bouc sera bien tôt ou bien « tard comblé par les dépôts du Rhône.

« Des îles flottantes que les sondes ont découvertes font « craindre cet événement (3). » Ainsi une seule réserve est faite à l'issue du canal dans le port de Bouc, c'est la crainte de son envasement par les dépôts du Rhône.

Le canal d'Arles à Bouc est enfin commencé en 1802, par Napoléon Ier, qui lui donna la sanction de sa haute intelligence. Les travaux suspendus en 1813, sont repris

(1) De Lalande, Canaux de navigation. Paris. 1778.
(2) Des. p. 105.
(3) *Stat. des Bouches-du-Rhône*. Paris, 1802.

en 1822 par les Bourbons et terminés en 1835 ; il a un parcours de 47 kilomètres, 2 mètres de profondeur, 14,40 de large au plafond, 22 seulement à la ligne de flottaison, et ne peut porter par conséquent que des navires de 110 tonneaux.

Or, précisément au moment où ce canal était terminé, une révolution complète, radicale avait lieu dans la science ; la vapeur faisait son entrée dans le monde, et pour la marine, elle tendait à remplacer la voile ; de là, de plus grands navires, des talus perretés et de plus grandes sections pour les canaux.

Le canal d'Arles à Bouc qui avait rendu tous les services qu'on en attendait, devenait insuffisant.

M. Collet-Meygret, ingénieur aussi savant que modeste, qui avait ce canal dans son service, proposa de lui donner des dimensions devant suffire aux nouvelles exigences, moyennant une dépense de 8,000,000. Le gouvernement, à l'instigation du député d'Arles, préféra le projet d'endiguement présenté par M. Surrell, ingénieur attaché au service de Rhône.

Ce projet consistait en digues longitudinales parallèles au fleuve, ayant pour objet de réunir toutes ses eaux dans un seul lit, ce qui leur donnerait assez de fond pour maintenir une profondeur suffisante à la passe. On fermait ainsi tous les gros secondaires pour ne laisser subsister qu'une embouchure principale. Quelque spécieuse que fût cette solution, on prévoyait bien que le résultat promis, l'approfondissement des passes fût-il atteint, il n'en faudrait pas moins allonger tous les ans ces digues de trente mètres, longueur de l'alluvion annuelle aux embouchures du Rhône, travail de géant dans les sables mouvants de la mer, qui sont de vrais tonneaux de Danaïdes, et qui absorbent les enrochements comme des gouttes d'eau.

L'expérience de **M.** Surrell ne donna même pas les résultats promis ; mais un fait nouveau se manifesta sous l'influence de l'action réunie de toutes les eaux du fleuve dans la même embouchure, et c'est ce fait nouveau, inattendu, dont nous parlerons bientôt, qui est venu encore augmenter les chances défavorables du canal Saint-Louis.

Ce fut pendant la discussion des projets de **M.** Surrell, que naquit celui de **M.** Peyret-Lallier. Ce projet qu'on exécute sous le nom de canal Saint-Louis, a, lui aussi, pour but d'éviter les embouchures du Rhône, en ouvrant dans la partie inférieure du fleuve, au seuil même des embouchures et par la ligne la plus courte, un canal communiquant avec la mer, en opposition complète avec l'opinion de Vauban et de La Lande, qui voulaient au contraire l'en éloigner le plus possible, pour éviter les envasements et arriver dans un port pour abriter les navires.

Pour apprécier ces chances d'envasement, voyons comment se comportent les eaux du fleuve ? On croyait jadis à un courant sous-marin, portant vers l'ouest tous les solides que le Rhône charrie. Les réserves de Bélidor et de Michel que nous avons citées prouvent cependant, qu'à certains moments ces solides se sont portés du côté de Bouc, ce qui démontrait que le courant était alternatif.

« Des observations plus récentes, faites par **M.** Reybert
« sous la direction de **MM.** Pascal et Bernard, et confir-
« mées à Cette par **M.** Lagy ingénieur en chef, constatent
« au contraire qu'il n'y a pas de courant permanent
« devant les embouchures du Rhône, que les dépôts se
« font dans le sens des bouches. (1). On peut donc en

(1) Des. p. 40.

« conclure que le courant littoral n'a aucune action sur
« les apports du fleuve. (1).

« D'où la conséquence que les dépôts du fleuve se fe-
« ront à droite et à gauche suivant la direction de l'em-
« bouchure ; ainsi, dans le domaine de l'Eyssèle, là même
« où est établi le nouveau canal de Saint-Louis, le dépôt
« a été, de 1730 à 1828, de 1338 hectares, et de 500 hec-
« tares dans le They du levant aujourd'hui joint à la
« terre ferme par les digues (2) Surrell, soit en tout
« 1838 hectares en 98 ans.

« Ainsi, les derniers dépôts se sont formés à gauche,
« tandis qu'on ne trouve pas de terres du côté de Cette
« mais uniquement des sables (3).

« L'exhaussement du fond a été de plus de 10 mètres
« en 17 ans et cet exhaussement n'a été produit que par
« des limons provenant du Gros de l'est (4).

« Les courants du Gros de l'est traversent l'entrée du
« Golfe de Fos, ceux des autres Gros se maintiennent
« jusqu'à 7 ou 8 kilomètres au-delà du phare de Faraman ;
« à la suite des travaux d'endiguement, le Rhône a porté
« la plus grande partie de ses eaux vers le Sud-Est ; aussi
« les apports ont-ils formé en l'espace d'un siècle, une
« saillie aiguë dans cette direction, qui n'a pas moins de
« 7 kilomètres, (5) et de 15 kilomètres depuis le IVᵉ siècle.

« Le golfe de Fos, l'avancement des terres, et l'exhaus-
« sement du fond, le prouvent surabondamment, reçoit
« donc une certaine partie de ces apports. Cette obser-

(1) Des., p. 97.
(2) Surrell, Desjardins, p. 86.
(3) P. 78.
(4) P. 89.
(5) P. 41.

« vation est de la plus haute importance pour l'entrée du
« canal du bas-Rhône ; elle serait de nature à effrayer
« pour l'avenir si on *n'ajoutait que le fleuve ne saurait*
« *être toujours abandonné à lui-même. C'est ici que l'en-*
« *diguement et les jetées artificielles auront une inconce-*
« *vable utilité; il sera toujours facile et peu coûteux de*
« *diriger les apports du Rhône à leur sortie, parce qu'on*
« *sera toujours le maître de diriger le sens de l'embou-*
« *chure* (1). »

D'après ce raisonnement qui est irréfutable, pour
détourner les apports dont le golfe de Fos est menacé
par une bouche unique qui, cependant, dit M. Desjardins, est orientée à l'ouest, dans la même direction
que l'était jadis celle de Piemanson, il faut d'abord
commencer par démolir les travaux de M. Surrell, le
barrage de Piémanson, jeter le Rhône dans cette lonne
et très-certainement aussi la draguer dans toute sa
longueur pour y attirer de nouveau le lit du fleuve.

Ainsi ce canal *renouvelé des Romains et même des
Grecs, ce canal de Marius*, il n'est pas fini que vous pré-
sagez déjà comment il faudra le défendre ! Et vous par-
lez de la docilité du fleuve, qui obéira à vos désirs !

Nous nous garderons bien d'opposer ses caprices bien
connus, disons mieux, sa tendance, sa loi fatale, à la docilité que vous lui supposez? cela nous conduirait trop
loin, il nous suffit de constater que la prévoyance de M.
Desjardins, c'est la condamnation complète, absolue du
projet qu'il expose.

Ajoutons à tous ces aveux, que les atterrissements con-
sidérables qui s'étaient formés sur la plage de Faraman

(1) Notes p. 95.

ont disparu à la suite des travaux de M. Surrell et que si la mer continue à les ronger, comme elle le fait en ce moment, elle arrivera bientôt à battre le phare lui-même, ce qui prouve jusqu'à l'évidence que le courant du fleuve se porte aujourd'hui à l'Est et avec lui tous les dépôts qu'il charrie.

De ce changement dans la direction du courant, doit résulter forcément l'atterrissement du canal Saint-Louis, dans un temps fort rapproché, 10 ans, 20 ans, 30 ans au plus, l'apport des solides que charrie cette branche unique du Rhône étant de 17,000,000 de mètres cubes par an, ainsi que le reconnaît M. Desjardins.

Nous savons que c'est à l'influence du député d'Arles, que doivent être attribuées sous Louis-Phillippe, l'adoption et l'exécution du projet Surrell ; mais, ce que M. Desjardins ne nous dit pas, ce que nous aurions pourtant intérêt à connaître, c'est à quelles influences est due l'adoption et l'exécution du canal Saint-Louis. Quelles sont les raisons scientifiques, économiques, stratégiques, etc., etc., qui ont décidé Napoléon III à préférer le projet Peyret-Lallier à celui de Vauban appuyé par de La Lande et exécuté par Napoléon 1er.

Si M. Desjardins avait soulevé ce voile, nous saurions alors qui a trompé l'Empereur et compromis sa popularité dans l'exécution d'une œuvre désastreuse, impossible, en faisant retentir à son oreille le nom de Marius afin de lui mieux cacher la fange d'Ostie.

Mais terminons cette étude déjà trop longue par les arguments les plus solides, les plus concluants de M. Desjardins.

« Les fleuves ont leurs ruines, dit-il après Bonstetten ; «les noms d'Ostie, de Péluse, de Ravenne, d'Aigues-Mortes

« et de Fréjus, sont à eux seuls des témoignages et rappel-
« lent des faits bien connus. »

Le premier soin, avant de construire des ports qui sont
dans le cas de devenir des ruines, est donc de savoir dans
quelle direction se produit le travail des atterrissements,
quels espaces il recouvre.

« Les apports du Tibre couvrent un espace de 55
« milles de côte ; ainsi, c'est à Pola qu'aurait dû être
« établi le port de Rome et non à Ostie (1). »

« Les apports du Nil se répandent sur une étendue de
« 60 lieues, ce qui explique l'envasement total du port de
« Péluse, et même de l'ancien port, le plus rapproché de
« la bouche occidentale qui n'en est qu'à 13 milles (2). »

Si donc c'est à Pola et non à Ostie qu'aurait dû être le
port du Tibre, et de même pour Aigues-Mortes et pour
Fréjus qui sont dans le rayon d'apport des dépôts du
Rhône et de l'Argens, la conclusion naturelle, logique de
ce conseil de l'histoire, c'est qu'il fallait revenir, en lui
donnant des dimensions convenables, au canal de Bouc,
reprendre l'œuvre de Vauban, de Napoléon Ier, qui bra-
vera les siècles, si on ne voulait pas ajouter un nom
nouveau, celui du canal de Saint-Louis à l'énumération
des ruines de Bonstetten.

Toute l'œuvre scientifique de M. Desjardins, et nous
reconnaissons qu'elle est considérable, tous ses plans,
tous ses sondages, qui n'ont pas cependant une grande
valeur, puisqu'ils datent de 1860, sont la condamnation
complète, absolue du canal Saint-Louis.

Tous ces documents prouvent que la plage empiète tous

(1) P. 18, cart. VI.
(2) Des., p. 27.

les ans sur la mer, que le fond de celle-ci s'exhausse, que les dragues ne devront jamais cesser de fonctionner, les digues de s'allonger pour entretenir le canal de Saint-Louis : que cette ville qu'on rêve sur ses bords, dans ce marais fangeux et insalubre, et qui doit détrôner Arles, Bouc, qui sait, même peut-être Marseille, ne sera jamais qu'un séjour pestilentiel et inhabitable (1).

Nous le disons enfin, avec la conviction que nous donne notre parfaite connaissance des lieux.

Le canal de Saint-Louis, si on l'achève, subira quoi qu'on fasse, et dans moins de trente ans, le sort d'Ostie, de Peluse, d'Aigues-Mortes, de Fréjus. Les taureaux et les cavales de la Camargue y pâtureraient déjà les salicornes, s'il avait cet âge ! Durera-t-il un jour, comme les digues Surrell, quelques années comme le canal de Bouc, qui n'a pu suivre les progrès de la science ? Dieu lui accorde une aussi longue existence !

Mais le comparer à l'œuvre de Marius, c'est rabaisser la conception stratégique du grand homme de l'antiquité, au niveau des opérations les plus mal conçues du siècle, une campagne d'agiotage à la victoire de Fourrières ; car, comme le dit M. Desjardins lui-même, « le canal d'Au-« guste, creusé en plein sol d'atterrissement, doit être « envahi par les atterrissements ! »

____

(1) *Exposé de la situation de l'Empire*, Des., p. 2.

L'étude des travaux du canal de Saint-Louis en cours d'exécution mérite que nous nous en occupions à part disons seulement que la longueur du canal est de 4 kil., les jetées de 1600 mètres, qu'il a 60 mètres de large à la ligne de flottaison et 7 m. de hauteur d'eau; il est à 8 kil. au-dessus de la barre, qui est elle-même à 500 m. (1) des embouchures. et à 40 kil. d'Arles (2). Le devis estimatif en porte la dépense à 5,000,000 francs.

(1) Des., p. 2.
(2) Des., p. 124.

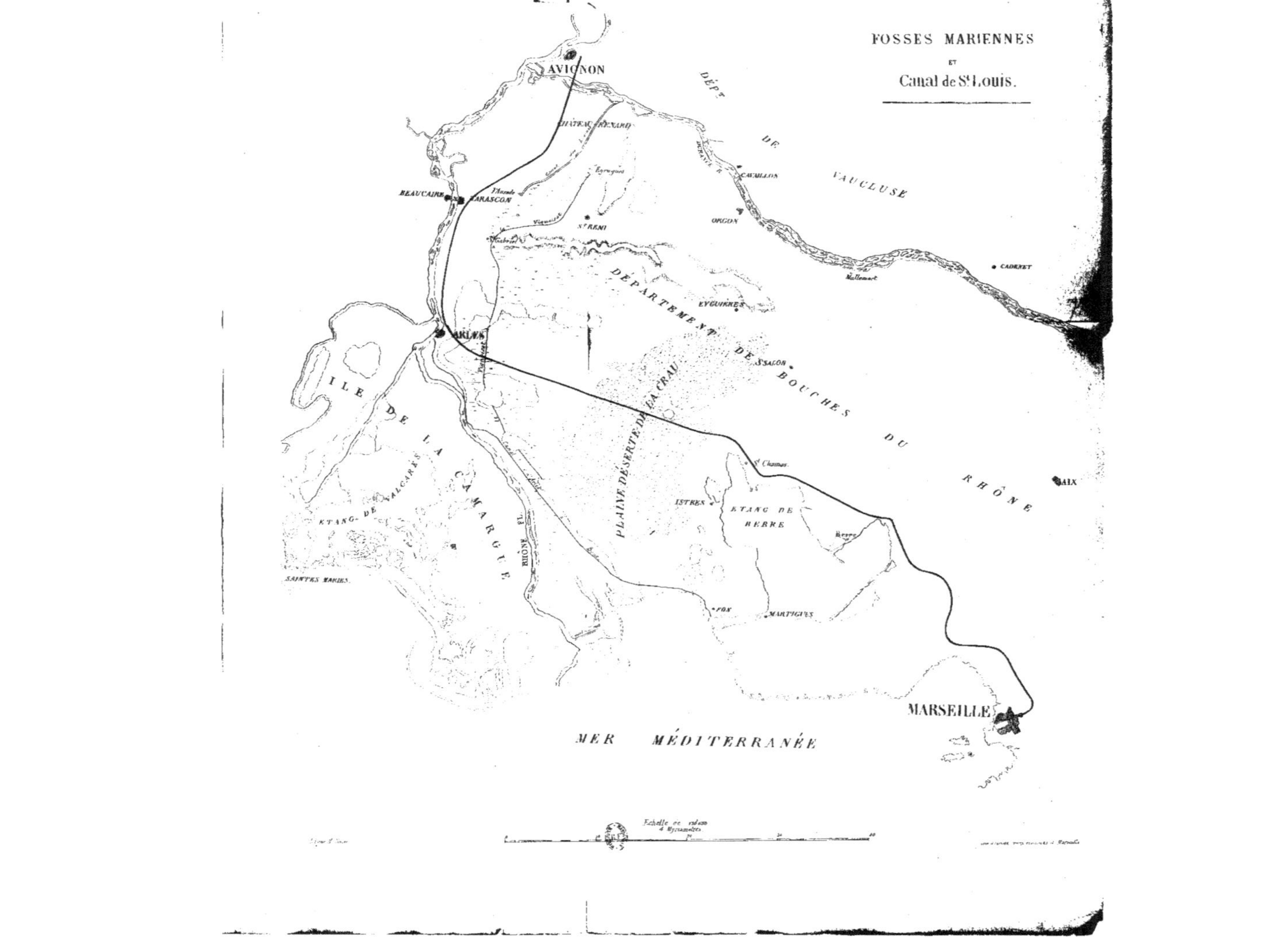

FOSSES MARIENNES
ET
Canal de St Louis.
AVIGNON
CHATEAU RENARD
BEAUCAIRE
TARASCON
St REMI
DÉPT DE VAUCLUSE
CAVAILLON
ORGON
CADENET
Mallemort
EYGUIÈRES
DÉPARTEMENT DES BOUCHES DU RHÔNE
ARLES
ILE DE LA CAMARGUE
ÉTANG DE VALCARES
ÉTANG DE
SAINTES MARIES
RHÔNE
PLAINE DÉSERTE DE LA CRAU
S.t SALON
St Chamas
ISTRES
ÉTANG DE BERRE
Berre
FOS
MARTIGUES
AIX
MARSEILLE
MER MÉDITERRANÉE
Échelle de 1/840000
4 Myriamètres